2022
새로 편집한
국어교과서에 따른

글씨
바로쓰기

1학년

차 례

1. 바른 자세로 읽기

⭐ 연필을 바르게 잡은 자세에 ○표를 하여 보세요

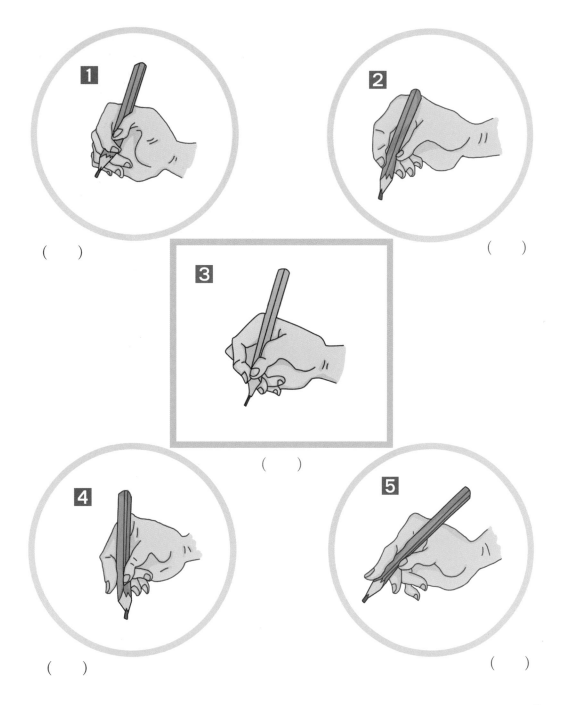

( )

( )

( )

( )

( )

★바르게 앉은 자세에 ◯표를 하여 보세요

1 ( )

2 ( )

★연필을 바르게 잡는 방법을 알아봅시다

엄지손가락과 집게손가락의 모양을 둥글게 하여 연필을 잡습니다.

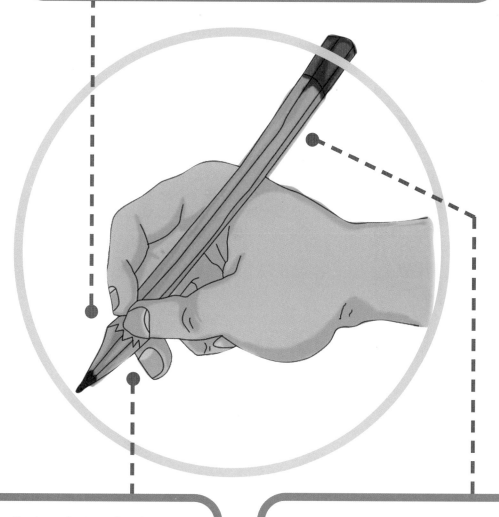

가운뎃손가락으로 연필을 받칩니다.

연필을 너무 세우거나 눕히지 않습니다.

2. 소리 내어 읽기

★ 그림에 알맞은 낱말을 선으로 이어 봅시다

할머니

할아버지

아버지

어머니

★ 그림에 알맞은 낱말을 선으로 이어 봅시다

★ 마음 것 선을 그어 봅시다

3. 낱말 따라 쓰기

참 새

나 무

거 미

제비

나비

풀밭

4. 자음자 따라 쓰기

★ 자음자를 예쁘게 따라 써 봅시다

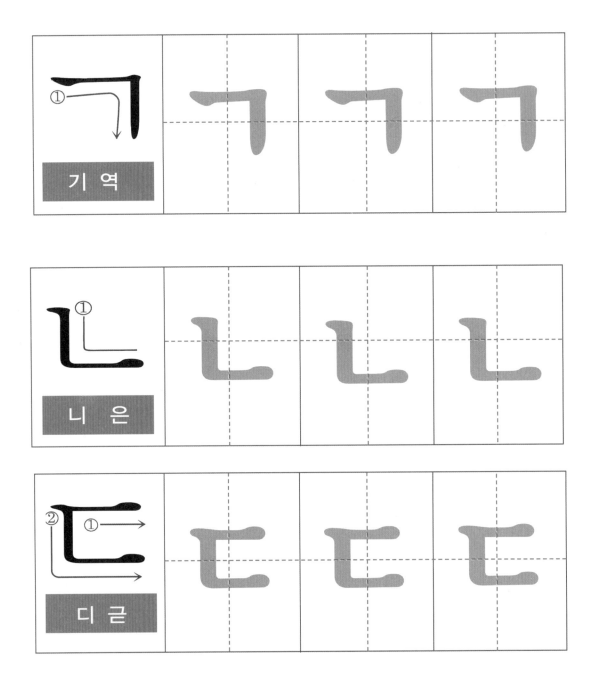

16

★ 자음자를 익히며 예쁘게 따라 써 봅시다

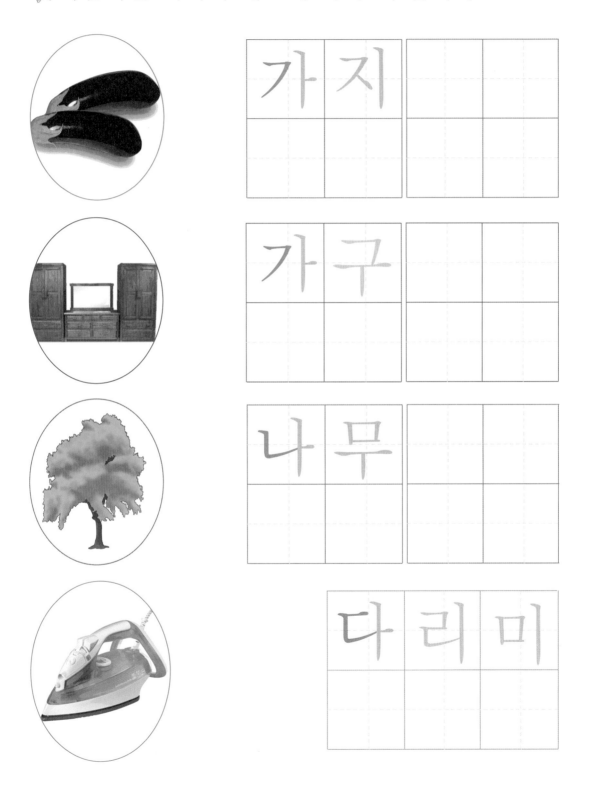

가지

가구

나무

다리미

★자음자를 예쁘게 따라 써 봅시다

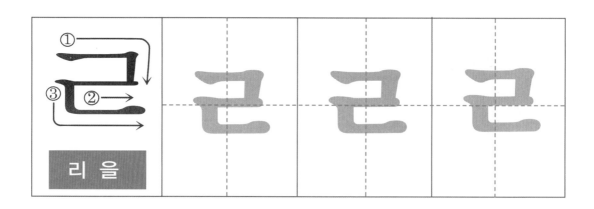

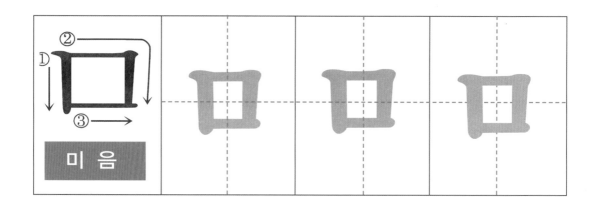

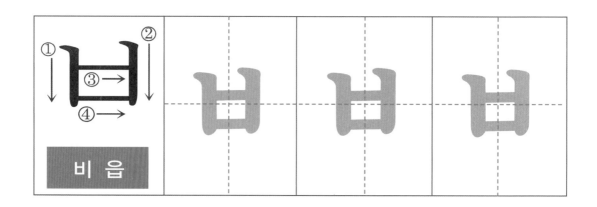

★ 자음자를 익히며 예쁘게 따라 써 봅시다

소라

라면

마늘

바지

★자음자를 예쁘게 따라 써 봅시다

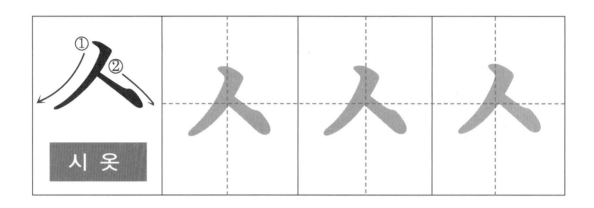

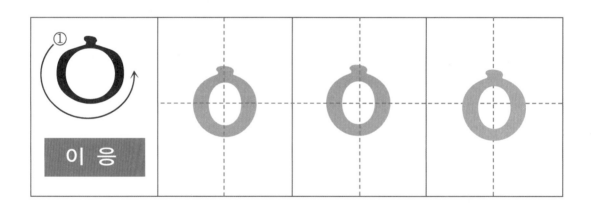

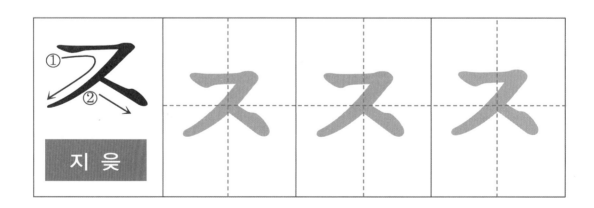

★ 자음자를 익히며 예쁘게 따라 써 봅시다

사슴

사탕

아기

자두

★자음자를 예쁘게 따라 써 봅시다

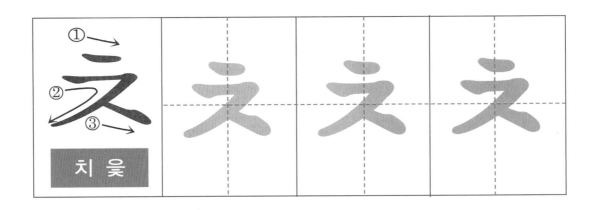

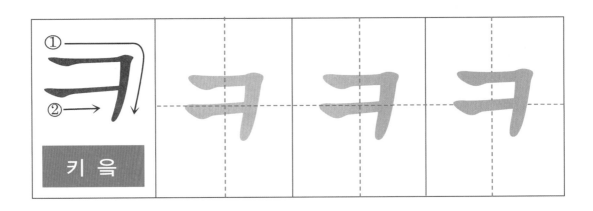

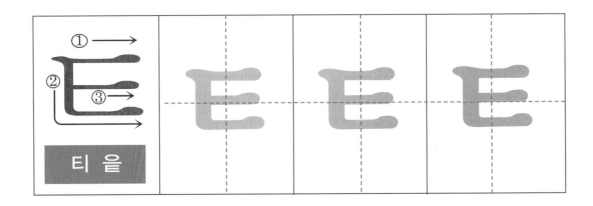

★ 자음자를 익히며 예쁘게 따라 써 봅시다

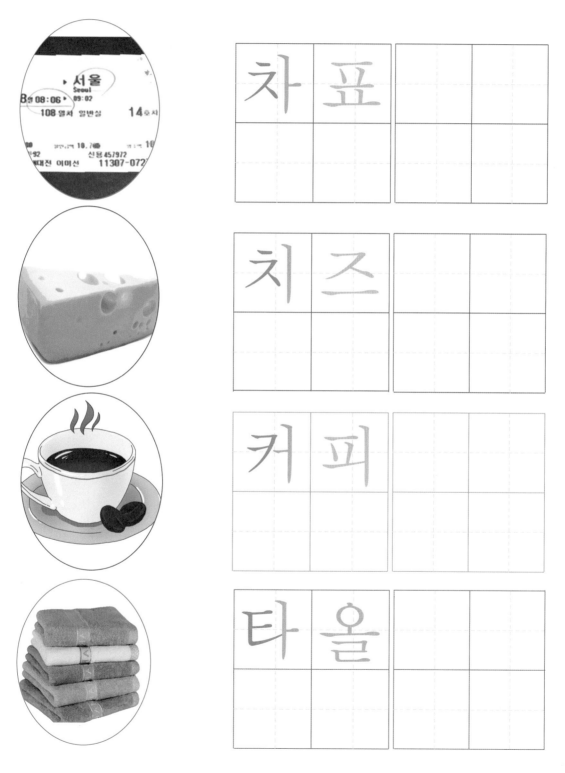

차	표		

치	즈		

커	피		

타	올		

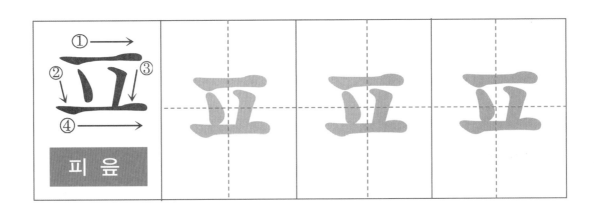

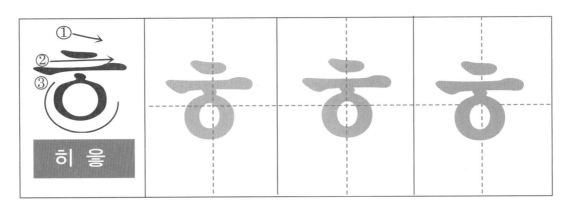

★ 자음자를 익히며 예쁘게 따라 써 봅시다

파리

파랑새

하마

하늘

★ 서로 맞은 글자끼리 선으로 연결해 봅시다

★ 서로 맞은 글자끼리 선으로 연결해 봅시다

동물들

오리

공 원

엄마랑

5. 모음자 따라 쓰기

⭐모음자를 예쁘게 따라 써 봅시다

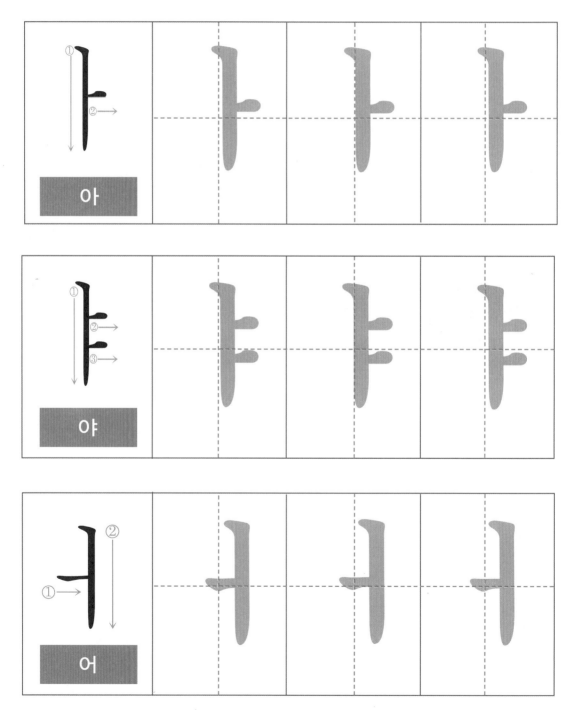

☆ 'ㅏ, ㅑ, ㅓ'가 들어가는 낱말을 따라 써 봅시다

바 나 나

나 비

야 구

버 섯

★ 모음자를 예쁘게 따라 써 봅시다

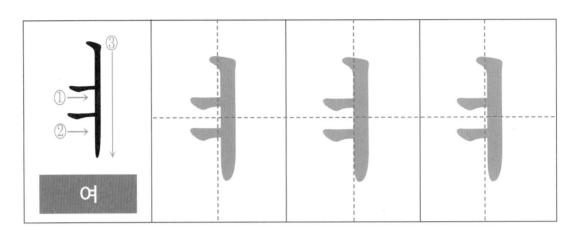

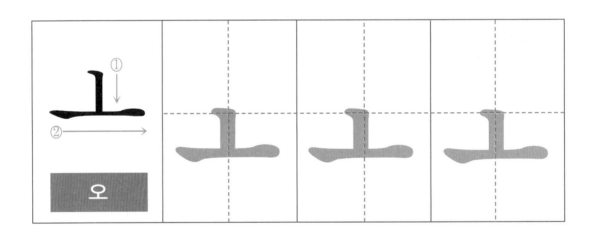

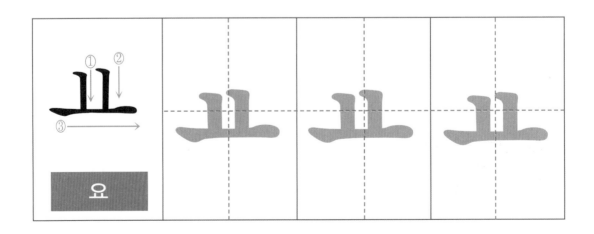

☆ 'ㅓ,ㅗ,ㅛ'가 들어가는 낱말을 따라 써 봅시다

어머니

버섯

노루

요강

★모음자를 예쁘게 따라 써 봅시다

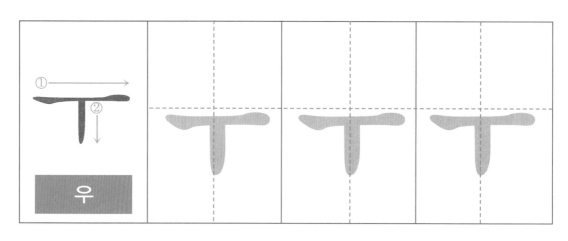

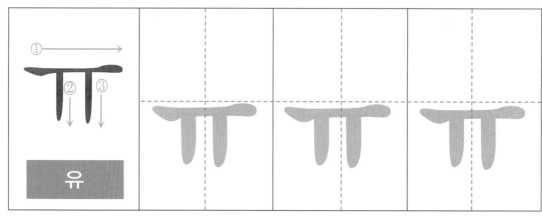

구 두

우 산

우 표

유 리 컵

⭐모음자를 예쁘게 따라 써 봅시다

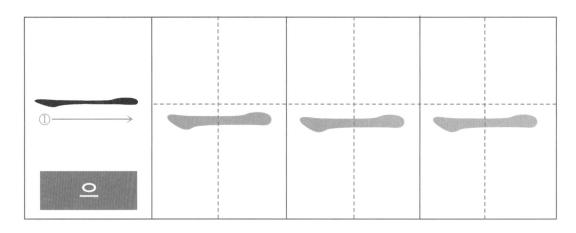

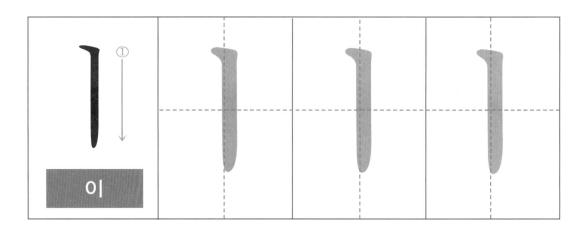

그네

주스

기차

비누

6.글자를 만들어요

⭐ 위에서 알맞은 모음자를 골라 글자를 만들어 보세요

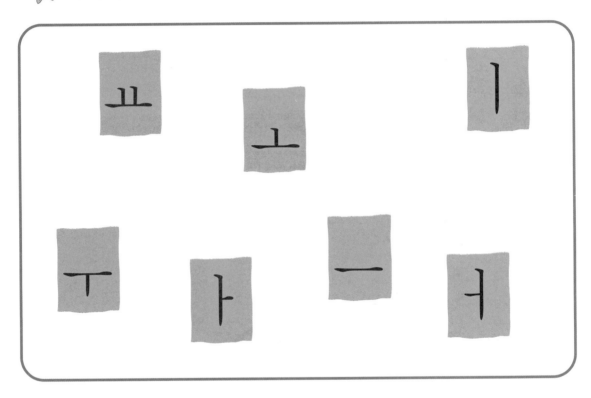

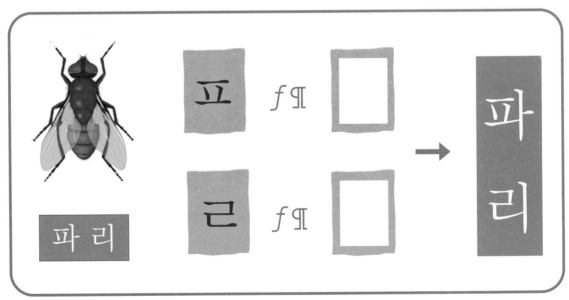

위에서 알맞은 모음자를 골라 글자를 만들어 보세요

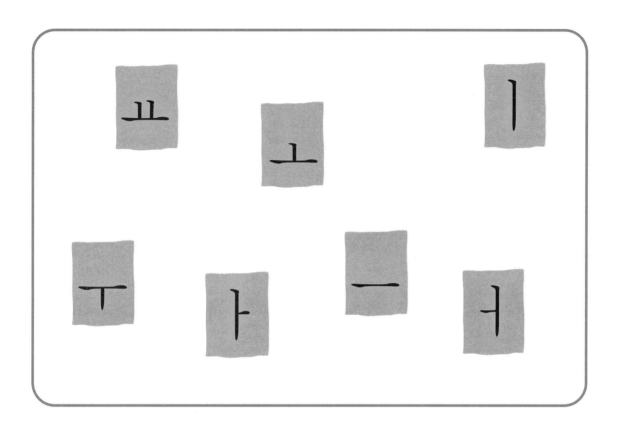

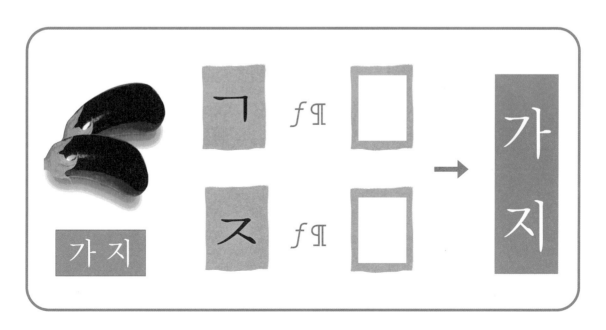

★ 자음자와 모음자를 짝지워 낱말을 만들어 봅시다

ㄴ + ㅗ = 노

ㄹ + ㅜ = 루

ㄱ + ㅏ = 가

ㅈ + ㅣ = 지

만든 낱말을 예쁘게 따라 써 보세요

노	루
노	루

노	루
노	루

가	지
가	지

가	지
가	지

★ 자음자와 모음자를 짝지워 낱말을 만들어 봅시다

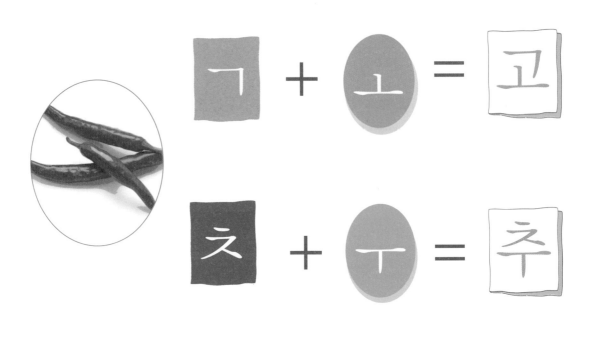

ㄱ + ㅗ = 고

ㅊ + ㅜ = 추

ㅂ + ㅓ = 버

ㅅ + ㅡ = 스

★ 만든 낱말을 예쁘게 따라 써 보세요

고	추		
고	추		

고	추		
고	추		

버	스		
버	스		

버	스		
버	스		

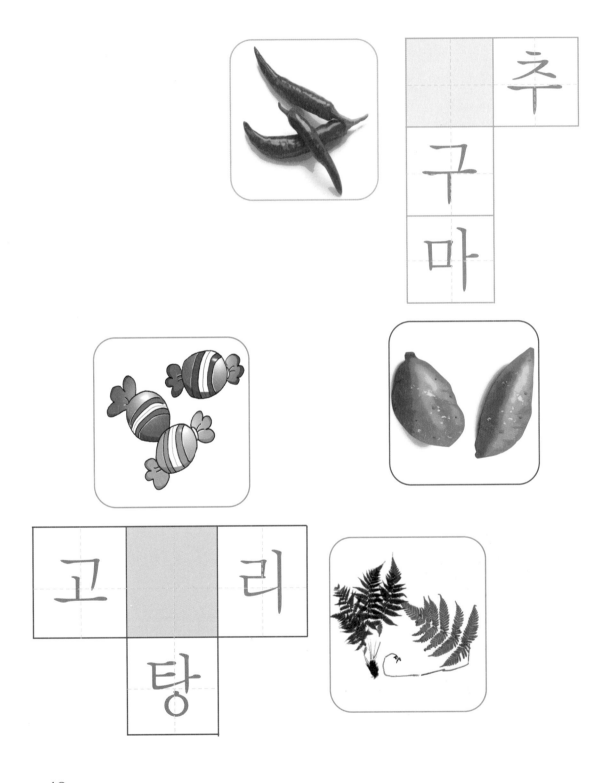

⭐ 왼쪽에 만든 낱말을 예쁘게 따라 써 보세요

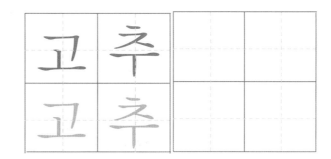

고추
고추

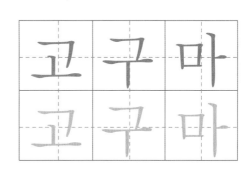

고구마
고구마

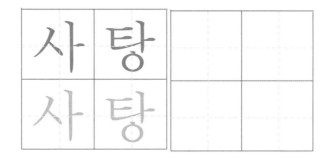

사탕
사탕

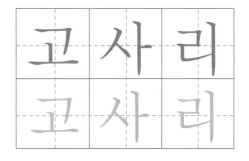

고사리
고사리

그림을 보고 빈칸에 알맞은 글자를 써 넣어 주세요

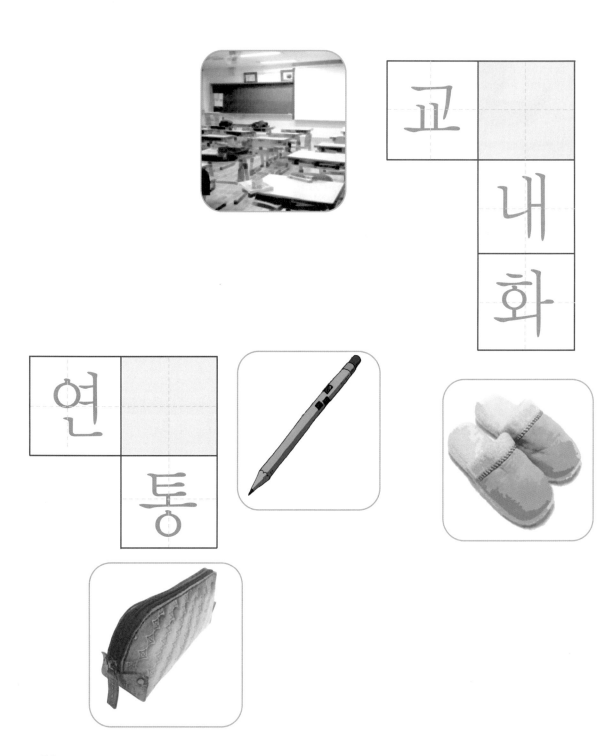

교　
　내
　화

연　
　통

50

교	실		
교	실		

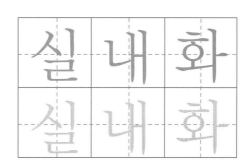

실	내	화
실	내	화

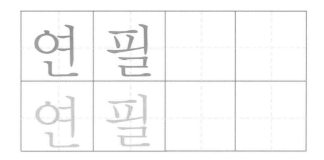

연	필		
연	필		

필	통		
필	통		

7. 문장 따라쓰기

★ 다음 빈칸에 들어갈 낱말을 아래에 써 봅시다

바람이 [ ][ ]

분

비가 [ ][ ]

온

참새가 [ ][ ]

운

꽃이 [ ][ ][ ]

피었

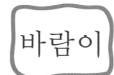 바람이 분다

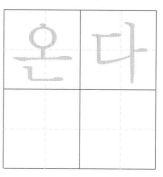 비가 온다

 참새가 운다

꽃이 피었다

다음 빈칸에 들어갈 낱말을 아래에 써 봅시다

국어 ☐☐

아기가 ☐☐

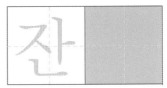

파도가 ☐☐

불이 ☐☐

54

국어 | 시간

아기가 | 잔다

파도가 | 친다

불이 | 났다

★ 다음 빈칸에 알맞은 글자를 써 봅시다

개가 ☐☐☐

버스가 ☐☐

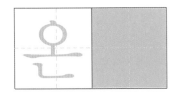

눈이 ☐☐

꽃이 ☐☐☐

다음 빈칸에 알맞은 글자를 써 봅시다

개가 | 짖 | 는 | 다

버스가 | 간 | 다

눈이 | 온 | 다

꽃이 | 피 | 었 | 다

바람이 분다.

바	람	이		분	다	.			
바	람	이		분	다	.			
바	람	이		분	다	.			

비가 온다.

비	가		온	다	.				
비	가		온	다	.				
비	가		온	다	.				

참새가 운다.

참	새	가		운	다	.			
참	새	가		운	다	.			
참	새	가		운	다	.			

꽃이 피었다.

꽃	이		피	었	다	.			
꽃	이		피	었	다	.			
꽃	이		피	었	다	.			

국어 시간이다.

국	어		시	간	이	다	.		
국	어		시	간	이	다	.		
국	어		시	간	이	다	.		

아기가 잔다.

아	기	가		잔	다	.			
아	기	가		잔	다	.			
아	기	가		잔	다	.			

글을 예쁘게 따라 써 봅시다

파도가 친다.

파	도	가		친	다	.				
파	도	가		친	다	.				
파	도	가		친	다	.				

불이 났다.

불	이		났	다	.				
불	이		났	다	.				
불	이		났	다	.				

참새가 운다.

참	새	가		운	다	.				
참	새	가		운	다	.				
참	새	가		운	다	.				

말이 뛴다.

말	이		뛴	다	.				
말	이		뛴	다	.				
말	이		뛴	다	.				

아빠의 생일이다.

아	빠	의			생	일	이	다	.
아	빠	의			생	일	이	다	.
아	빠	의			생	일	이	다	.

밥을 먹는다.

밥	을		먹	는	다	.			
밥	을		먹	는	다	.			
밥	을		먹	는	다	.			

구름 놀이

한태희

예쁜 꽃이 피었습니다.

 깡충깡충.

아, 토끼야, 너였구나.

내가 언덕을 만들어 줄테니 쉬어서 가렴.

 폴짝폴짝!

토끼야, 왜 그렇게 도망가니?

좀 더 놀다가 가렴.

강아지 복실이

한미호

누나는 생일 선물로 강아지를 받았어요.

강아지 이름은 복실이예요.

복실이는 조그맣고,따뜻하고, 간지러워요.

누나가 새 크레파스를 빌려 달래요.

"싫어, 누나 것도 있잖아."

"그래? 그럼 너 이제부터 복실이랑 놀지
마."

★ 글자를 예쁘게 따라 써 봅시다

예쁜 꽃이 피었습니다.

예	쁜		꽃	이		피	었	습	니	다	.
예	쁜		꽃	이		피	었	습	니	다	.
예	쁜		꽃	이		피	었	습	니	다	.

아, 토끼야, 너였구나.

아	,	토	끼	야	,	너	였	구	나	.
아	,	토	끼	야	,	너	였	구	나	.
아	,	토	끼	야	,	너	였	구	나	.

내가 언덕을 만들어

내	가		언	덕	을		만	들	어
내	가		언	덕	을		만	들	어
내	가		언	덕	을		만	들	어

줄테니 쉬어서 가렴.

줄	테	니		쉬	어	서		가	렴.
줄	테	니		쉬	어	서		가	렴.
줄	테	니		쉬	어	서		가	렴.

토끼야, 왜 그렇게 도망가니?

토	끼	야,		왜		그	렇	게
토	끼	야,		왜		그	렇	게
토	끼	야,		왜		그	렇	게

좀 더 놀다가 가렴.

좀		더		놀	다	가		가	렴.
좀		더		놀	다	가		가	렴.
좀		더		놀	다	가		가	렴.

⭐ 글자를 예쁘게 따라 써 봅시다

누나는 생일 선물로

누	나	는		생	일		선	물	로
누	나	는		생	일		선	물	로
누	나	는		생	일		선	물	로

강아지를 받았어요.

강	아	지	를		받	았	어	요	.
강	아	지	를		받	았	어	요	.
강	아	지	를		받	았	어	요	.

강아지 이름은 복실이예요.

강	아	지		이	름	은		복	실
강	아	지		이	름	은		복	실
강	아	지		이	름	은		복	실

⭐ 글자를 예쁘게 따라 써 봅시다

복실이는 조그맣고,

복	실	이	는		조	그	맣	고	,
복	실	이	는		조	그	맣	고	,
복	실	이	는		조	그	맣	고	,

따뜻하고, 간지러워요.

따	뜻	하	고	,	간	지	러	워	요	.
따	뜻	하	고	,	간	지	러	워	요	.
따	뜻	하	고	,	간	지	러	워	요	.

누나가 새 크레파스를

누	나	가		새		크	레	파	스
누	나	가		새		크	레	파	스
누	나	가		새		크	레	파	스

8. 인사말 쓰기

보기에서 알맞은 인사말을 골라 빈칸에 써 넣으세요

보기

1. 할아버지 할머니 그동안 건강하셨어요?

2. 선생님, 안녕하세요?

3. 영이야, 안녕, 그동안 잘 있었니?

4. 영이야, 잘가.

오래만에 할머니, 할아버지를 뵈었을 때.

2. 학교 운동장에서 선생님을 만났을 때.

3. 학교 운동장에서 며칠 못 보던 친구를 만났을 때.

4. 학교 공부를 마치고 집으로 돌아갈 때.

⭐다음 서로 알맞은 것끼리 선으로 연결해 보세요

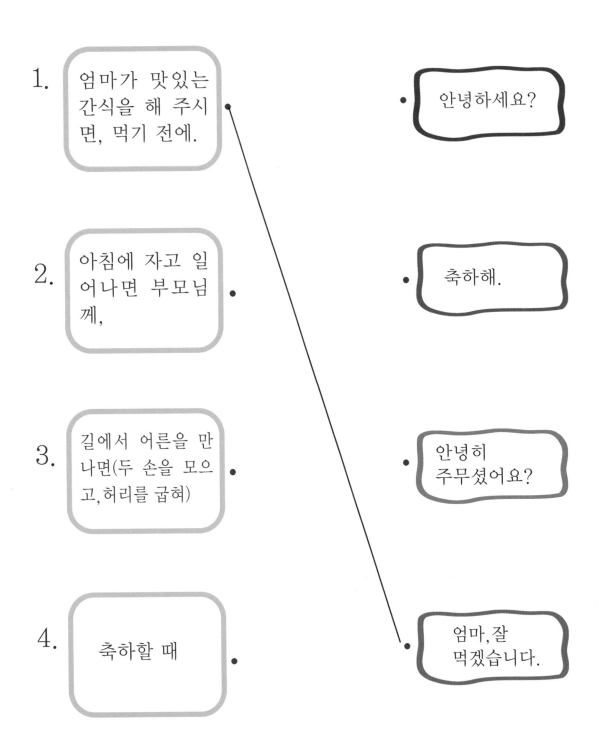

1. 엄마가 맛있는 간식을 해 주시면, 먹기 전에.

안녕하세요?

2. 아침에 자고 일어나면 부모님께,

축하해.

3. 길에서 어른을 만나면(두 손을 모으고, 허리를 굽혀)

안녕히 주무셨어요?

4. 축하할 때

엄마, 잘 먹겠습니다.

5.

고마운 마음을
나타낼 때.

•

•
안녕, 내일
보자.

6.

이웃집 어른을
만났을 때.

•

•
다녀오겠습니다.

7.

밖에 나갈 때

•

•
고맙습니다.

8.

헤어질 때

•

•
안녕하세요?

★ 인사말을 예쁘게 따라 써 봅시다

안녕하세요?

안	녕	하	세	요	?				
안	녕	하	세	요	?				
안	녕	하	세	요	?				

축하해.

축	하	해	.						
축	하	해	.						
축	하	해	.						

안녕히 주무셨어요?

안	녕	히		주	무	셨	어	요	?
안	녕	히		주	무	셨	어	요	?
안	녕	히		주	무	셨	어	요	?

⭐ 글자를 예쁘게 따라 써 봅시다

엄마, 잘 먹겠습니다.

| 엄 | 마 | , | 잘 | | 먹 | 겠 | 습 | 니 | 다 | . |

안녕, 내일 보자.

| 안 | 녕 | , | 내 | 일 | | 보 | 자 | . | |

다녀오겠습니다.

| 다 | 녀 | 오 | 겠 | 습 | 니 | 다 | . | | |

9. 문장부호 쓰기

1. 문장 부호의 이름과 쓰임을 알아 보세요

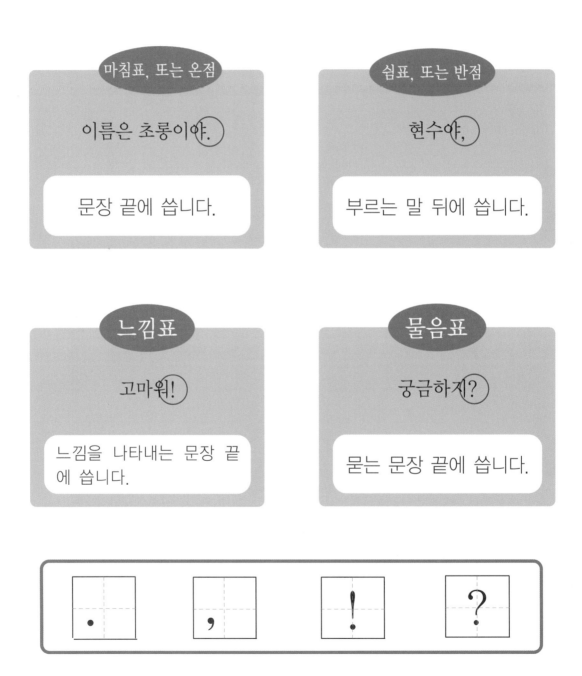

마침표, 또는 온점

이름은 초롱이야.

문장 끝에 씁니다.

쉼표, 또는 반점

현수야,

부르는 말 뒤에 씁니다.

느낌표

고마워!

느낌을 나타내는 문장 끝에 씁니다.

물음표

궁금하지?

묻는 문장 끝에 씁니다.

★ 문장 부호는 어디에 쓰는지 주의하며 따라 써 보세요

우리, 힘을 합칠까?

우	리	,		힘	을		합	칠	까	?
우	리	,		힘	을		합	칠	까	?
우	리	,		힘	을		합	칠	까	?

현수야, 놀러가자.

현	수	야	,	놀	러	가	자	.	
현	수	야	,	놀	러	가	자	.	
현	수	야	,	놀	러	가	자	.	

어머니! 제가 왔어요.

어	머	니	!	제	가		왔	어	요	.
어	머	니	!	제	가		왔	어	요	.
어	머	니	!	제	가		왔	어	요	.

민지야, 잘 있었니?

 강아지 이름을 복실이라고 지었구나. 참

예쁘다!

복실이와 좋은 진구가 되었다니 기뻐.

복살이도 너와 친구가 되어 좋아할 거야.

나도 복실이가 보고 싶어.

복실이와 우리 집에 놀러 올래?

★ 문장 부호는 어디에 쓰는지 주의하며 따라 써 보세요

민지야, 잘 있었니?

민	지	야	,	잘		있	었	니	?
민	지	야	,	잘		있	었	니	?
민	지	야	,	잘		있	었	니	?

강아지 이름을 복실

강	아	지		이	름	을		복	실
강	아	지		이	름	을		복	실
강	아	지		이	름	을		복	실

이라고 지었구나.

이	라	고		지	었	구	나	.	
지	었	구		지	었	구	나	.	
지	었	구		지	었	구	나	.	

★문장 부호는 어디에 쓰는지 주의하며 따라 써 보세요

참 예쁘다!

참		예	쁘	다	!				
참		예	쁘	다	!				
참		예	쁘	다	!				

복실이와 좋은 친구가

복	실	이	와		좋	은		친	구
복	실	이	와		좋	은		친	구
복	실	이	와		좋	은		친	구

되었다니 기뻐.

되	었	다	니		기	뻐			
되	었	다	니		기	뻐			
되	었	다	니		기	뻐			

복실이도 너의 좋은

복	실	이	도		너	의		좋	은
복	실	이	도		너	의		친	구
복	실	이	도		너	의		친	구

친구가 되어 좋아할

친	구	가		되	어	서		좋	아
친	구	가		되	어	서		좋	아
친	구	가		되	어	서		좋	아

나도 복실이가 보고 싶어.

나	도		복	실	이	가		보	고
나	도		복	실	이	가		보	고
나	도		복	실	이	가		보	고

★ 문장에 알맞은 문장부호를 보기에서 찾아 빈칸에 쓰시오

1. 영수야, 안녕 □

ㄱ. 아,유진이구나 □

2. 민지야, 잘 있었니 □

ㄴ. 응, 너도 잘 있었니 □

3. 아우야 □

ㄷ. 형님 □ 여기 계셨군요.

4. 어머님이 싸 주신 떡이에요 □

ㄹ. 그래, 마침 배고프던 참이었는데 □ .

보기 ! ? , .

⭐ 문장 부호는 어디에 쓰는지 주의하며 따라 써 봅시다.

영수야, 안녕?

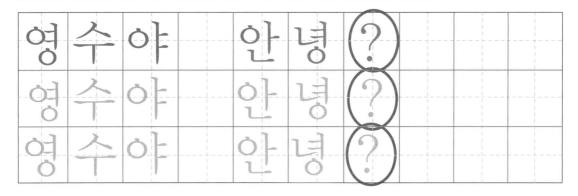

아, 유진이로구나!

민지야, 잘 있었니?

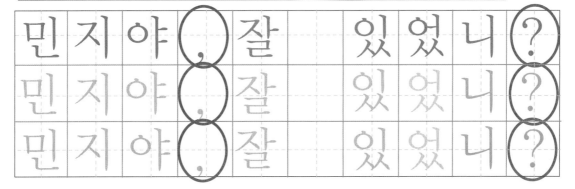

응, 너도 잘 있었니?

아우야,

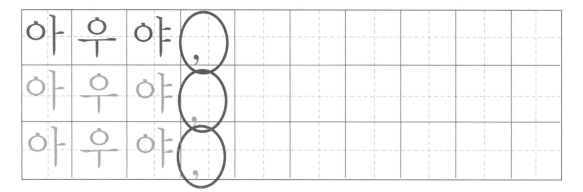

형님, 여기 계셨군오.

형님, 여기 계셨군요.

⭐ 문장 부호는 어디에 쓰는지 주의하며 따라 써 봅시다

어머님이 싸 주신 떡이예요.

어	머	님	이		싸		주	신
어	머	님	이		싸		주	신
어	머	님	이		싸		주	신

떡이예요.

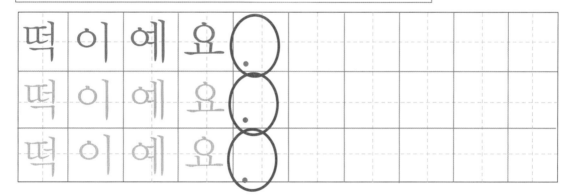

그래,마침 배가 고팠던

10. 열 칸 공책 따라 쓰기

나의 학교 생활

드디어 오늘, 첫날이야.

다른 날보다 일찍 교실에 왔어.

아이들이 조용조용 들어와서

자리에 가만히 앉아 있네.

수줍은가봐.

내가 어떤 선생님인지 살펴보고 있는지도

몰라.

나랑 같이 놀자.

★ 왼쪽의 글을 10칸 공책에 따라 써 봅시다.

드디어 오늘, 첫날이야.

다른 날보다 일찍 교실에 왔어.

	드	디	어		오	늘	,	첫	날
	드	디	어		오	늘	,	첫	날
	드	디	어		오	늘	,	첫	날

	다	른		날	보	다		일	찍
	다	른		날	보	다		일	찍
	다	른		날	보	다		일	찍

학	교	에		왔	어	.			
학	교	에		왔	어	.			
학	교	에		왔	어	.			

아이들이 조용조용 들어와서

자리에 가만히 앉아 있네.

아이들이 조용조용

아이들이 조용조용

아이들이 조용조용

들어와서 자리에

들어와서 자리에

들어와서 자리에

가만히 앉아 있네.

가만히 앉아 있네.

가만히 앉아 있네.

수줍은가봐.

　내가 어떤 선생님인지 살펴보고 있는지도

몰라.

	수	줍	은	가	봐	.				
	수	줍	은	가	봐	.				
	수	줍	은	가	봐	.				

	내	가		어	떤			선	생	님
	내	가		어	떤			선	생	님
	내	가		어	떤			선	생	님

인	지		살	펴	보	고			있	는
인	지		살	펴	보	고			있	는
인	지		살	펴	보	고			있	는

동동 아기 오리

둥둥 엄마 오리
못물 위에 둥둥

동동 아기 오리
엄마 따라 동동

풍덩 엄마 오리
못물 속에 풍덩

퐁당 아기 오리
엄마 따라 퐁당

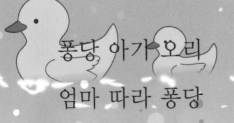

둥둥 엄마 오리

못물 위에 둥둥

동동 아기 오리

둥	둥		엄	마		오	리	
둥	둥		엄	마		오	리	
둥	둥		엄	마		오	리	

못	물		위	에		둥	둥	
못	물		위	에		둥	둥	
못	물		위	에		둥	둥	

동	동		아	기		오	리	
동	동		아	기		오	리	
동	동		아	기		오	리	

엄마 따라 동동

풍덩 엄마 오리

못물 속에 풍덩

	엄	마		따	라		동	동	
	엄	마		따	라		동	동	
	엄	마		따	라		동	동	

	풍	덩		엄	마		오	리	
	풍	덩		엄	마		오	리	
	풍	덩		엄	마		오	리	

	못	물		속	에		풍	덩	
	못	물		속	에		풍	덩	
	못	물		속	에		풍	덩	

풍당 아기오리

엄마 따라 풍당

	풍	당		아	기		오	리	
	풍	당		아	기		오	리	
	풍	당		아	기		오	리	

	엄	마		따	라		풍	당	
	엄	마		따	라		풍	당	
	엄	마		따	라		풍	당	

달팽이 기르기

"아빠, 이게 뭐예요?"

"이건 달팽이란다."

"아주 신기하게 생겼어요."

"그래? 그럼 달팽이를 집으로 데려가서
자세히 살펴볼까?"

아빠는 손으로 살짝 집으셨어요.

우리는 부지런히 집으로 돌아왔어요.

아빠는 아빠 손바닥 위에 달팽이를 놓았
어요.

"아빠, 달팽이가 꼼짝도 안 해요. 작은
돌맹이 같아요."

"달팽이는 놀라면 껍데기 속으로 숨는단
다."

"아빠, 달팽이를 키워도 돼요?"

"그럼, 아빠가 예쁜 달팽이 집을 만들어
줄 게."

아빠는 프라스틱 통으로 달팽이 집을 만
들어 주셨어요.

나는 달팽이와 풀을 달팽이 집 속에 넣었
어요.

달팽이가 움직이기 시작했어요.

"아빠, 이게 뭐예요?"

"이건 달팽이란다."

"아주 신기하게 생겼어요."

		"	아	빠	,		이	게		뭐	예
		"	아	빠	,		이	게		뭐	예
		"	아	빠	,		이	게		뭐	예

		"	이	건		달	팽	이	란	다
		"	이	건		달	팽	이	란	다
		"	이	건		달	팽	이	란	다

		"	아	주		신	기	하	게
		"	아	주		신	기	하	게
		"	아	주		신	기	하	게

"그래? 그럼 달팽이를 집으로 데려가서
자세히 살펴볼까?"

		"	그	래	?		그	럼		
		"	그	래	?		그	럼		
		"	그	래	?		그	럼		

달	팽	이	를		집	으	로
달	팽	이	를		집	으	로
달	팽	이	를		집	으	로

자	세	히		살	펴	볼	까	?"
자	세	히		살	펴	볼	까	?"
자	세	히		살	펴	볼	까	?"

아빠는 아빠 손바닥 위에 달팽이를 놓았
어요.
"아빠, 달팽이가

	아	빠	는		손	바	닥		위
	아	빠	는		손	바	닥		위
	아	빠	는		손	바	닥		위

달	팽	이	를		놓	았	어	요	.
달	팽	이	를		놓	았	어	요	.
달	팽	이	를		놓	았	어	요	.

	"	아	빠		달	팽	이	가
	"	아	빠		달	팽	이	가
	"	아	빠		달	팽	이	가

꼼짝도 안 해요."
"작은 돌맹이 같아요."
"달팽이는 놀라면 껍데기 속으로 숨는단다."

	꼼	짝	도		안		해	요	."
	꼼	짝	도		안		해	요	."
	꼼	짝	도		안		해	요	."

	"	작	은		돌	맹	이		같
	"	작	은		돌	맹	이		같
	"	작	은		돌	맹	이		같

	"	달	팽	이	는		놀	라	면
	"	달	팽	이	는		놀	라	면
	"	달	팽	이	는		놀	라	면

"아빠, 달팽이를 키워도 돼요?"

"그럼, 아빠가 예쁜 달팽이 집을 만들어

줄 게."

		"	아	빠	,	달	팽	이	를
		"	아	빠	,	달	팽	이	를
		"	아	빠	,	달	팽	이	를

		"	그	럼	,	아	빠	가		예
		"	그	럼	,	아	빠	가		예
		"	그	럼	,	아	빠	가		예

달	팽	이		집	을		만	들
달	팽	이		집	을		만	들
달	팽	이		집	을		만	들

아빠는 프라스틱 통으로 달팽이 집을 만들어 주셨어요.

아	빠	는		프	라	스	틱
아	빠	는		프	라	스	틱
아	빠	는		프	라	스	틱

통	으	로		달	팽	이		집	을
통	으	로		달	팽	이		집	을
통	으	로		달	팽	이		집	을

만	들	어		주	셨	어	요	.
만	들	어		주	셨	어	요	.
만	들	어		주	셨	어	요	.

11. 낱말 채워 넣기

★ 다음쪽 네모에서 알맞은 글자를 찾아 써 넣으세요

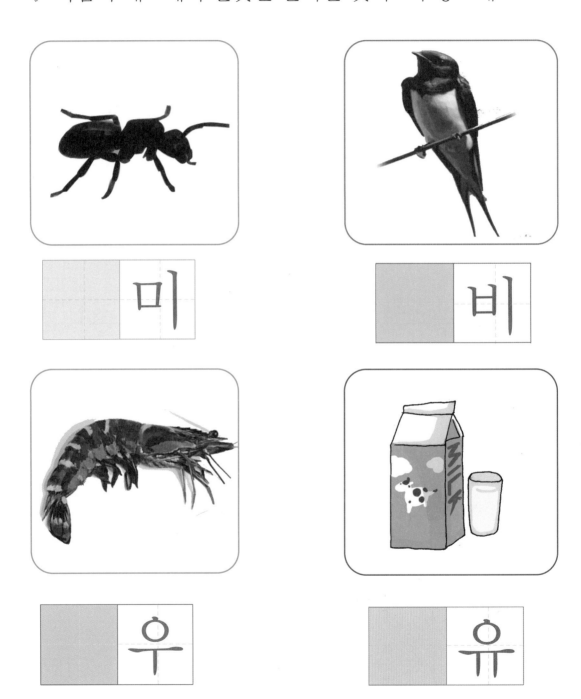

새, 제, 다, 개, 매, 우, 과, 쥐

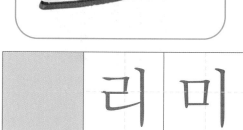

리 미

미

사

다 람

노, 여, 수, 거, 나, 가, 박, 오

 건

수

 우

 이

방

미

무

루

★다음쪽 네모에서 알맞은 글자를 찾아 써 넣으세요

바, 모, 두, 보, 버, 사, 비, 소

부

자

지

리

 선

 누

 탕

 라

연, 우, 옥, 리, 어, 장, 자, 치

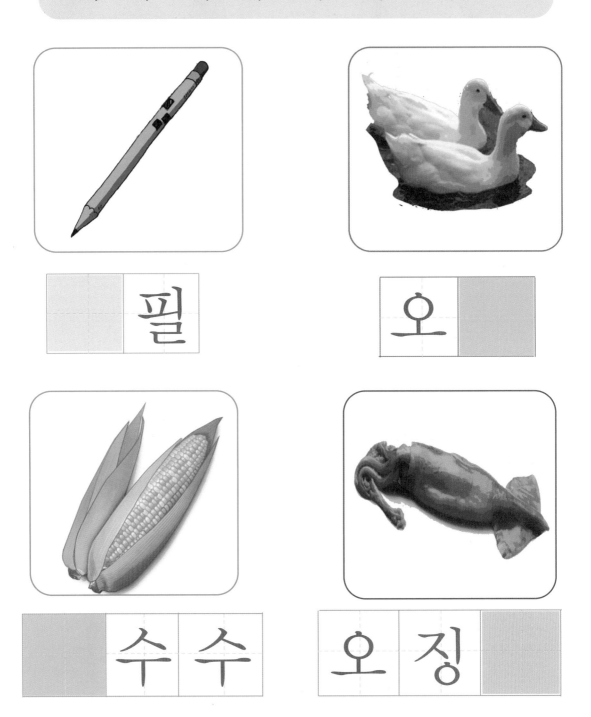

필

오

수 수

오 징

106

★ 오른쪽 박스에서 알맞은 글자를 찾아 빈칸에 써 넣으세요

 표

 두

 갑

 즈

개 미

제 비

새 우

우 유

다 리 미

매 미

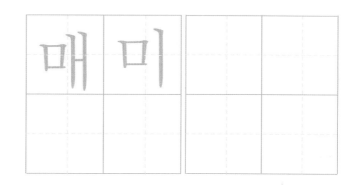

사 과

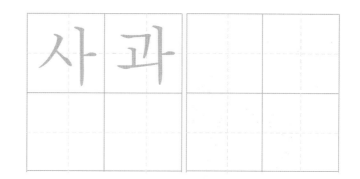

다 람 쥐

★ 글자를 예쁘게 따라 써 봅시다

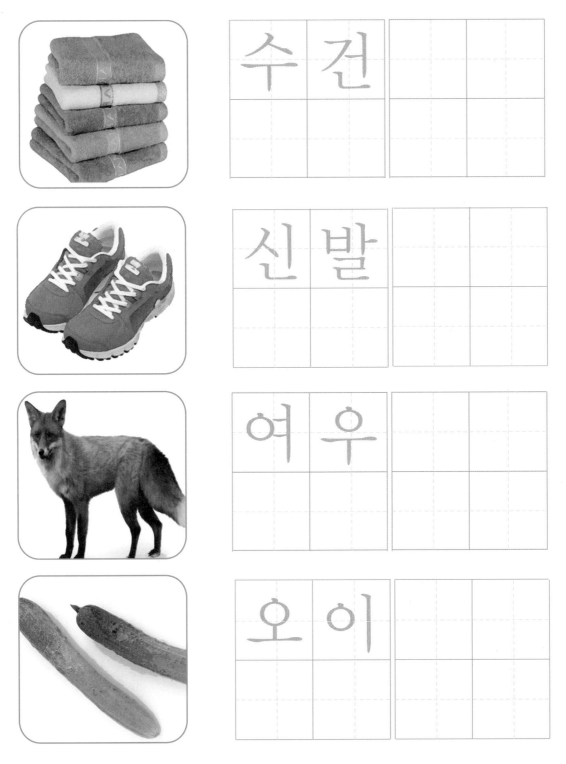

수건

신발

여우

오이

가방

거미

나무

노루

★ 글자를 예쁘게 따라 써 봅시다

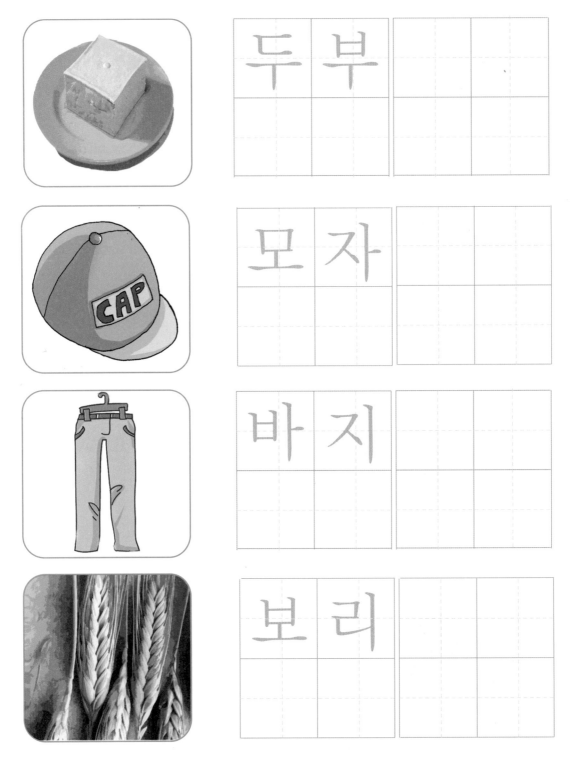

두부

모자

바지

보리

버선

비누

사탕

소라

⭐글자를 예쁘게 따라 써 봅시다

연 필

오 리

옥 수 수

오 징 어

우 표

자 두

장 갑

치 즈

⭐ 보기에서 알맞은 낱말을 찾아 빈 칸에 써 넣으세요

수박   사탕   즐겁게   피아노

1 새롬이가 | 사 | 탕 | 을(를) 먹습니다.

2 새롬이가 | 수 | 박 | 을(를) 먹습니다.

3 곰이 | 피 | 아 | 노 | 을(를) 칩니다.

4 모두가 | 즐 | 겁 | 게 | 놉니다.

☆ 글자를 예쁘게 따라 써 봅시다.

사 탕

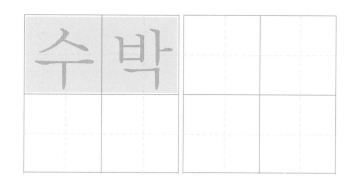

수 박

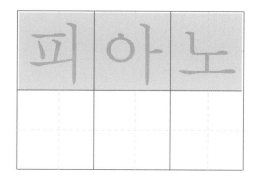

피 아 노

즐 겁 게

★ 보기에서 알맞은 낱말을 찾아 빈 컨에 써 넣으세요

운동 고기 공부 노래를

1 새롬이가 | 공 | 부 | 을(를) 합니다.

2 새롬이가 | 운 | 동 | 을(를) 합니다.

3 곰이 | 고 | 기 | 을(를)잡습니다.

4 모두가 | 노 | 래 | 를 | 합니다.

★ 글자를 예쁘게 따라 써 봅시다

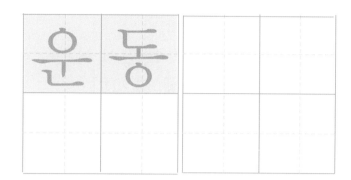

운 동

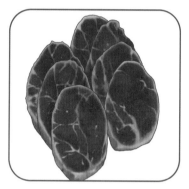

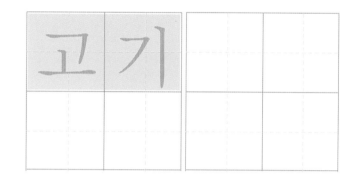

고 기

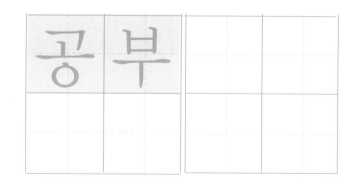

공 부

노 래 를

12. 낱말 배우기

다음은 새롬이가 학교에서 본 것들입니다. 이를 아래에 예쁘게 따라 써 봅시다

시	소	그	네	철	봉	모	래	판
시	소	그	네	철	봉	모	래	판
시	소	그	네	철	봉	모	래	판

⭐ 새롬이가 운동장에서 본 것들입니다. 이름을 아래에 예쁘게 따라 써 봅시다

교	문
교	문
교	문

교	단
교	단
교	단

교	실
교	실
교	실

운	동	장
운	동	장
운	동	장

꽃	밭
꽃	밭
꽃	밭

축	구	공
축	구	공
축	구	공

미	끄	럼	틀
미	끄	럼	틀
미	끄	럼	틀

⭐ 새롬이가 운동장에서 본 것들입니다. 이름을 아래에 예쁘게 따라 써 봅시다.

창	문
창	문
창	문

책	상
책	상
책	상

현	관
현	관
현	관

어	린	이
어	린	이
어	린	이

나	비
나	비
나	비

선	생	님
선	생	님
선	생	님

야	외	의	자
야	외	의	자
야	외	의	자

⭐ 새롬이가 운동장에서 본 것들입니다. 이름을 아래
에 예쁘게 따라 써 봅시다.

화	단
화	단
화	단

벌	레
벌	레
벌	레

파	리
파	리
파	리

민	들	레
민	들	레
민	들	레

개	미
개	미
개	미

거	미	줄
거	미	줄
거	미	줄

개	나	리	꽃
개	나	리	꽃
개	나	리	꽃

⭐ 다음은 새롬이가 동네에서 본 것들입니다. 이들의
이름을 아래에 예쁘게 따라 써 봅시다.

트	럭		승	용	차		호	루	라	기
트	럭		승	용	차		호	루	라	기
트	럭		승	용	차		호	루	라	기

⭐ 새롬이가 동네에서 본 것들입니다. 이름을 아래에 예쁘게 따라 써 봅시다.

경	찰
경	찰
경	찰

화	물	차
화	물	차
화	물	차

휴	지	통
휴	지	통
휴	지	통

횡	단	보	도
횡	단	보	도
횡	단	보	도

수	퍼	마	켓
수	퍼	마	켓
수	퍼	마	켓

⭐ 새롬이가 동네에서 본 것들입니다. 이름을 아래에
예쁘게 따라 써 봅시다.

버	스
버	스
버	스

택	시
택	시
택	시

마	트
마	트
마	트

자	전	거
자	전	거
자	전	거

누	나
누	나
누	나

승	용	차
승	용	차
승	용	차

오	토	바	이
오	토	바	이
오	토	바	이

⭐ 새롬이가 동네에서 본 것들입니다. 이름을 아래에
예쁘게 따라 써 봅시다.

신	호	등
신	호	등
신	호	등

어	린	이
어	린	이
어	린	이

가	로	수
가	로	수
가	로	수

아	저	씨
아	저	씨
아	저	씨

강	아	지
강	아	지
강	아	지

편	의	점
편	의	점
편	의	점

2022 새로 편집한
국어교과서에 따른
글씨 바로 쓰기
1학년

초판 1쇄 발행 2022년 5월 20일

편집 편집부

펴낸이 서영희 | **펴낸곳** 와이 앤 엠

편집 임명아

본문인쇄 명성 인쇄 | **제책** 정화 제책

제작 이윤식 | **마케팅** 강성태

주소 120-100 서울시 서대문구 홍은동 376-28

전화 (02)308-3891 | Fax (02)308-3892

E-mail yam3891@naver.com

등록 2007년 8월 29일 제312-2007-000040호

ISBN 979-11-978721-0-5 63710